Monatsgedanken

Gabriela Alexandra Scharff

Gründungsmitglied der Autoren im Team

Vorwort:

Und wieder einmal neigt ein Jahr sich dem Ende zu. Und genau dieses Jahr hat vielen von uns sehr viel Kraft gekostet. Wir sind mit der Hoffnung auf ein Ende der Pandemie und damit auch ein Ende der fürchterlichen und unliebsamen Begleiterscheinungen gestartet und wurden bereits früh aus unseren Zukunftshoffnungen durch die zahlreichen bestehenden und auch die ausgebrochenen Kriege gerissen.

Die von der Autorin schriftlich geäußerten

Gedanken zu jedem einzelnen Monat spiegeln vermutlich vielfach die Gedanken unzähliger Menschen wieder.

Denken wir über die Worte der Autorin nach, übernehmen den einen oder anderen Lösungsvorschlag und vor allem lassen wir uns von Gabriela Alexandras guten Wünschen tragen und geben Trost, Hoffnung und Zuversicht vielfach an andere Menschen weiter.

Januar

Gerne will ich Freude verbreiten

Gerne euch schicken, ein friedvolles Licht

Gerne die niedrigen und düsteren Energien vertreiben,

sie verwandeln in hoffnungsvolle Gedanken voller Zuversicht.

Kann Missgunst, Neid und Gier kaum noch ertragen,

wann kommt das Jüngste Gericht?

Bröckelt sie dann ab – die dunkle Schicht – und es

erstrahlt in uns das göttliche Licht?

Ich glaube ganz fest:

Alles wird sich zum Guten fügen.

Vielleicht noch nicht heute oder morgen, aber sicher irgendwann.

Februar

Den Januar genutzt, um innezuhalten, zu reflektieren das vergangene Jahr.

Gab es auch nicht nur schöne Stunden – haben wir auch einiges falsch gemacht.

Und uns oft nichts Böses dabei gedacht.

So gab es auch kraftvolle Stunden mit viel Hoffnung und Zuversicht.

Möge es gerade in diesen Zeiten gelingen, Kopf und Herz zu verbinden.

Der Februar bringt mich an jene Schwelle,

wo ich schon jetzt des Winters überdrüssig bin.

Die Sehnsucht wächst nach Wärme und nach Sonnenschein.

Doch noch fühle ich den knirschenden Reif und kalter Wind bläst mir durch Mark und Bein.

Der Februar ist nicht besonders beliebt, hält er noch die Türe zu.

Ach, wir sollten uns nicht beklagen, es wird schon werden, die Tage werden länger und schon bald zeigen die ersten Knospen ihr Gesicht.

März

Mich hat der erste Sonnenstrahl direkt ins Herz getroffen.

Die Sonne streichelt mich mit sanfter Hand.

Vorbei sind die endlos trostlosen Tage.

Trübe Gedanken verfliegen leichter im milderen Wind.

Doch kommt der Winter nochmal zurück und ist der alleinige Herrscher hier im Lande, ich wäre nicht entzückt.

Über mir die ersten Kraniche ziehen schreiend durch unser Revier.

Noch sind die Bäume kahl und nass.

Doch vor meinem geistigen Auge sehe ich sie schon

ein grünes, zartes Blätterkleid tragen.

Mit ihren lila Farben frohlockt der Krokus und mir steht der Sinn, die Welt mit strahlendem Blick anzusehen.

Es ist so schön, wenn ich auch kann Eure Augen strahlen sehen.

Wir sollten uns ein schönes Leben gestalten und vor allem zusammenhalten.

Ist es noch zu früh, vom Frühling zu sprechen?

Ja, es ist gewagt, so warte ich still und freue mich auf den nahenden April.

Noch ein Gedanke in diese unruhige Welt.

Ich wünsche mir Frieden zwischen den Nationen,

kein Unheil mehr, das ist aus Habgier von Menschenhand gemacht.

Nun ist mein Wunsch niedergeschrieben, doch damit noch nicht alles vertrieben.

Raus aus dem Martyrium, das Leben besteht nicht nur aus Macht und Geld.

Ich möchte nicht, dass unsere schöne Welt verfällt und die Menschen müssen leiden.

Lasst uns mit dem Frieden befassen und wunderbare Spuren hinterlassen.

Das wäre unser größter Schatz.

Wir sind doch hier nur als Gast.

April

Dunkle Wolken ziehen durch die Welt, es scheint kein schönes Frühjahrserwachen.

Düstere Gedanken – mir wird angst und bang.
Am Tage bis in die Stille der Nacht warte ich vergeblich auf friedlichen Gesang.

Ich vermag lieber keinen Blick in die Zukunft zu wagen.
Da sind zu viele offene Fragen.
Doch bleibt es noch zu hoffen, dass die Länder sich nicht weiter zoffen.
Der Traum als Wahrheit kehrt zurück, wenn Friede einzieht ins Gemüt.

Frühlingsblumen blühen unermüdlich, trotz Wind und Hagel und schenken Zuversicht.

Ich rufe Euch, ihr Lichtarbeiter im Himmel und auf Erden – sendet all Eure Liebe, so dass die Dunkelheit zerfällt.

Möge die Liebe in alle Seelen dringen und ganz viel Licht und Frieden bringen.

Dachten wir lange Zeit, ein Krieg in Europa sei Vergangenheit.

Da irrten wir gewaltig, nun wird wieder aufgerüstet, als wüsstet ihr nicht, dass es uns nach Frieden gelüstet.

Egal wo Bomben niedergehen und ich Menschen

flüchten und leiden sehe, zerbricht es mir das Herz.

Es sind die Bilder, die mir missfallen,
Bilder von lachenden Menschen würden mir
gefallen.

Ihr seid alle eines liebenden Vaters und Mutters
Kinde und das weltweit.

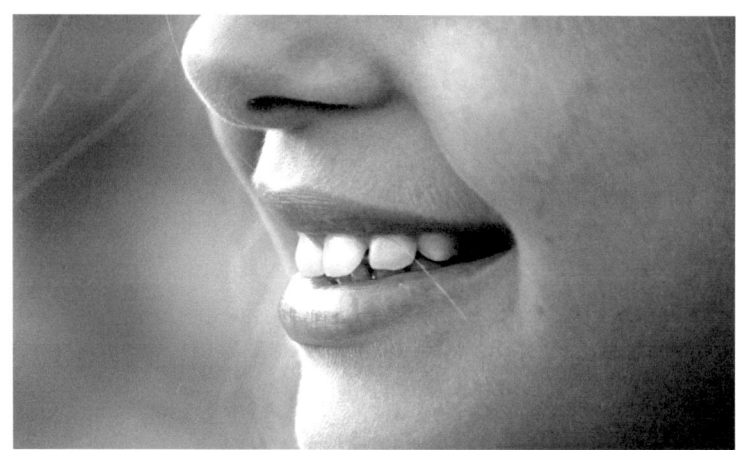

*Und wenn ich verzweifle,
dann erinnere ich mich,
dass durch alle Zeiten der Geschichte der Menschheit*

Die Wahrheit und die Liebe immer gewonnen haben.

*Es gab Tyrannen und Mörder,
und eine Zeit lang schienen sie unbesiegbar,
doch am Ende scheiterten sie immer.*

Denk daran – immer!

(Mahatma Ghandi)

Damit es Frieden in der Welt gibt, müssen die Völker in Frieden leben.

Damit es Frieden in den Städten gibt, müssen sich die Nachbarn verstehen.

Damit es Frieden zwischen Nachbarn gibt, muss im eigenen Haus Frieden herrschen.

Damit im eigenen Haus Frieden herrscht, muss man ihn im eigenen Herzen finden.

(Laotse)

Lasst uns darauf vertrauen und mit viel Zuversicht
in die Zukunft schauen.

Lasst uns zusammenstehen

reicht eine Hand,

schenkt ein zuhörendes Ohr,

wählt bedacht und liebevoll eure Worte,

treibt keinen Keil zwischen Euch,

wer weiß schon genau, wer am Ende Recht behält.

Mai

Die Bäume tragen ihr neues zartes, grünes
Blätterkleid –
wir sollten uns daran erlaben.

Ist doch grün die Farbe der Hoffnung.

Sie repräsentiert die starke Kraft der Natur,
sie steht für Gutmütigkeit und Entspannung pur.

Auch fällt es schwer, entspannt zu sein in diesen
immer noch düsteren Tagen.

Die Lage in den Kriegsgebieten bleibt weiter
angespannt und lässt kaum Raum für die Hoffnung.

Auch steigt die Hungersnot weltweit in manchem
Land.

Lasst uns dennoch nicht verzagen:

Die kosmischen Energien erhöhen sich, lassen hoffen,
auf eine baldige bessere Welt.

Viele alte Seelen werden nun zusammenfinden –
und eine tiefe Liebe spüren.

Lasst uns danken der Natur mit all ihren wundervollen Gaben:

Schaut an, die vielen Kräuter, die da wachsen am Wegesrand.
Vom Bärlauch, Löwenzahn bis hin zu den Brenneseln.
All das wird uns reichlich geschenkt.

Bunte Blumen können helfen, unsere Seele zu verzücken.
Auch wenn wir denken, wir können doch nichts verändern:

Das stimmt so nicht!

Es kann ein jeder immer mehr Liebe in seinem Herzen tragen

Vergeben und Verzeihen

Den Hass, die Wut, den Neid zum Teufel jagen.

In der Hoffnung, dass die hitzigen Gemüter sich beruhigen,
und gesunder Verstand und Herz gewinnt.

Juni

Sorgenvoll blicke ich auf die Ereignisse in der Welt,
da verblassen oft die eigenen Nöte, wenn ich andere leiden seh,

die Gedanken nur noch flüchtig wie der Wind,
selten noch ganz still.

Eher getrieben von all den düsteren Prognosen,

Kriegspropaganda von allen Seiten,
weltweite Hungersnöte drohen,
Lebensmittelpreise und Energiekosten steigen.

Selbst das Wetter spielt verrückt,
ich bin von alldem nicht verzückt.

Doch haben wir vielleicht noch etwas Glück,
das Pfingstfest naht in wenigen Tagen.

Lässt die göttliche Energie uns ihren Geist in dieser
Zeit besonders spüren?

Den Geist der Kraft und der Liebe –
Das wäre ein Segen für die Welt.

Der Monat Juni eigentlich doch so schön,
versuchen wir auch das zu sehen.

Auch sind die Nächte oft noch kalt,
wärmt uns die Sonne doch am Tage.

Vorbei ist der Morgentau.

Der Juni auch Rosenmonat genannt,
verwöhnt mit wundervollen Farben.

Und ist voll mit Blumen bestückt.

Juli

Wenn die Achtsamkeit etwas Schönes berührt, offenbart sie dessen Schönheit.

Wenn sie etwas Schmerzvolles berührt, wandelt sie es um und heilt es.

(Aus dem Zen-Buddhismus)

Achtsam sein, das kann man üben.

Worte immer wohlbedacht, keinen wollen wir verletzen und sei es noch so unbedacht.

Auch unsere Handlungen sollten achtsam getroffen sein, sollen sie doch zum Wohle aller sein.

Die Schönheit der Natur kann heilen mit ihrer bunten Blütenpracht,
wenn wir inmitten dieses Farbenspiels verweilen.

Auch ziehen mal Unwetter auf, das Leben nimmt doch seinen Lauf.

Schauen wir hin, was soll es uns sagen?

Mit viel Liebe und Zuversicht können wir es dann doch ertragen.

Dann folgt auch wieder Sonnenschein, so ist nun mal unser aller Lebenslauf.

Lasst Stille und Ruhe in euer Herz hinein, dann wird auch eure Seele voller Frieden sein.

Schätzt das Leben. Schätzt die Gesundheit. Schätzt eure Familie. Schätze eure Freunde.

Für viele Menschen beginnt nun die Urlaubszeit, wohin sie uns denn diesmal treibt?

Den einen zieht es in die Berge, den anderen ans

Meer. Manch einer liebt die Städtereisen.
Ein anderer liebt das Wandern sehr.

Es ist egal, wofür wir uns entscheiden,
lassen wir uns bloß nicht hetzen und treiben.

Oft genügt ein gutes Gespräch unter Freunden,
vielleicht bei einem guten Glas Wein.

Ein lauer Sommerabend im eigenen Garten oder auf
dem Balkon.

Tröstende Hände, ein offenes Ohr, ein fröhlicher
Abend sind oft viel mehr wert, als eine weite Reise.

August

Noch webt sich die Hitze am Tage, schwül zum Teil, bis in die kleinste Körperritze.

Wie im Fieber heiß, unsere Stirn ist klebrig. Die Bewegungen langsam, die Gedanken träge, während die Jugend noch unbeschwert lacht.

Ich sitze apathisch im Garten und sehe den unermüdlich spielenden Enkelkindern zu. Zumindest kann ich von ihrer freien, natürlichen, unbekümmerten Energie tanken und mich bedanken.

Danken, wenn sie bei mir sind.

Doch am späten Abend schon zieht der erste kühlere Wind durchs Land und lässt uns fast schon frösteln.

Die letzten Sommerblumen wehen sacht im Wind.
Rot leuchtet der Klatschmohn in den Wiesen und
trotzt den Resten des blank Gepflügten, Roggen,
Weizen und dem Hafer.

Sind wir diesmal so sicher, dass alles im nächsten
Jahr wieder von vorne beginnt?

Waldbrände und Dürren bedrohen Wald und Boden,
zum Glück ist die Natur stark und gibt sich nicht so
schnell verloren.

Auch wenn wir uns im Moment an süßen Äpfeln
können erlaben,
so schauen wir doch sorgenvoll in diese Welt.

Noch ist kein Frieden eingekehrt,
so bleibt nur zu hoffen, dass liebevolles Licht den Geist erhellt.

Die Geschichte zeigt,
dass zwar viel unnötiges Unheil wurde geschaffen,
durch Fanatismus, Geld- und Machtgier,
aber auch immer wieder kam ein Umschwung und auch Frieden.

Betrachten wir den August ohne Sorgen und Nöte,
die uns umgeben,
ist es ein wunderbarer Sommermonat voller Leben.

Laue Sommernächte laden zum Träumen ein.

Ich sehe die hungrigen Greifvögel über mir kreisen.

Das Heidekraut blüht und die Blüten der Hortensien sind noch nicht verblüht.

Auch wenn uns die Mücken schon mal zwicken gehören sie dazu.

Schön anzusehen sind die ersten zarten Frühnebelbänke in den Flusstälern.

Der August ist ein Erntemonat, Ährenmonat.

Also lasst uns den August genießen, bevor so schnell der Herbst beginnt.

September

Wehmütig denken wir uns die letzten heißen Tage
im August zurück.

Auch war es nicht immer eine Gnade,
nicht nur für den Fluss, auch für uns nicht immer ein
Genuss.

Erbarmungslos glühte die Sonne und ließ uns
schwitzen. Der salzige Schweiß bahnte sich seinen
Weg in die kleinste Körperritze.

Nun im September tragen die Blätter bald neue
Gewänder.

Zum Glück tragen sie noch keine Eisränder.

In gelb und roten Farben tanzen sie schaukelnd schon bald im Wind.

Manchmal, ganz plötzlich über Nacht, steht er da, der Baum, ganz nackt.

Wird es dieses Jahr einen schönen Altweibersommer geben,

mit mildem Wind, der sanft uns streichelt, wie damals die Mutter, da waren wir noch Kind.

Oder klopft der Herbst schon an, mit wilden Stürmen?

Die Erde dürstet es nach Regen, sie möchte keine

Wüste werden.

In den Feldern wird noch leicht murrend geschuftet und um die fleißigen Bauern tanzen surrend die Mücken und piksen ihnen zu allem Überfluss ins Ohr.

Wenn die Spinnen weben silbrig ihre Netze, ist der Herbst nicht mehr weit.

Es sieht nach Abschied aus. So ist nun mal der Lebenslauf.

Oft müssen wir uns auch von etwas verabschieden, vielleicht von alten Gewohnheiten, auch wenn sie uns Sicherheit boten.

Doch wollen wir im Stillstand nicht enden, müssen wir uns schon mal Neuem zuwenden.

Wer denkt Abenteuer seien gefährlich, sollte es mal mit Routine versuchen: Die ist tödlich.

(Paulo Coelho)

Ich liebe den ersten Tau in frühen Morgenstunden, auch wenn einige Vogelstimmen bereits verstummen.

Die ersten Zugvögel bereiten sich vor auf ihre

nächste große Reise.

Ich schicke ihnen meine Wünsche und Träume mit:

Den Wunsch nach Frieden in dieser Welt.

Manch einer von uns würde gerne mit ihnen ziehen,
weit weg von Schreckensmeldungen,
Zukunftsängsten und dem Krieg.

Ich möchte mich hier nicht politisch äußern,
doch macht es mich sprachlos, das ganze Chaos in
dieser Welt.

Wir müssen lernen, wie man Frieden führt,
statt Krieg, Macht und Intoleranz.

Auch sind einige Träume verklungen,
uns nicht alles ist gelungen,
so verbergen sich in jedem neuen Tag doch kleine Wunder und wir können hoffen.

Ich wünsche allen viel Zuversicht,
ein Lächeln das vom Herzen kommt und tief in eure Seele dringt.

In diesem Sinne, lasst uns nicht verzagen und ganz viel Freude und Liebe weitertragen.

Denn die Freude und die Liebe die wir geben, kehrt zu uns zurück.

Oktober

Die Bauern sagen:

Ist der Oktober warm und fein, kommt ein scharfer Winter drein.
Ist er aber nass und kühl, mild der Winter werden will.

Noch ist der Himmel strahlend blau und es leuchten tausende goldene Blätter.

Doch wird der Himmel schiefergrau, lösen sich langsam die buntgefärbten Blätter, in dem kühler werdenden Wetter.

Verlassen ihre Lebensader, ihren Baum, tänzelnd.
Das Erdreich nimmt sie dankend auf.
Nackt und stolz steht er da,

der einst so geschmückte Baum.
Gespenstig wirkend in der Nacht.
Nun kann er ruhen, sein Werk ist vollbracht.

Der Baum weiß,
dass er im nächsten Frühjahr wieder erwacht.

Vielleicht muss er noch den Herbststurm
überstehen, so wie wir Menschen auch.

Da ist es gut, wenn wir ebenso tief verwurzelt sind
und auf unsere Kraft vertrauen.

Unsere Sehnsüchte ziehen in den Himmel auf,
gemalt in Schleierwolken.

Der Herbst zeigt uns den Lebenslauf.

Wo stehen wir?

Schmückt auch uns bereits, das herbstliche Kleid ?

Sollten wir mit Stolz nach vorne schauen,
viel haben wir geschafft,
alle Gefühle durchlebt und nicht nur gelacht.

In unseren Augen spiegelt sich die Erfahrung,
Weisheit und Güte

Ist auch unsere Haut schon etwas erschlafft und
Falten zeichnen sich ab
Lasst uns sie gelassen tragen,

waren wir doch auch einst jung und unbeschwert.

Unsere Ruhe und Gelassenheit, kann dadurch nicht verblassen.

Irgendwann sind wir alle nackt wie der Baum,
da zählt nicht mehr, welch edlen Schmuck wir trugen.

Es zählt,
was wir fühlten,
was haben wir für die Gemeinschaft,
für die Tiere,
für die Familie,
für die Natur gemacht.
Haben wir uns auch liebevoll um uns selbst

gekümmert?

Als Vorbild, dass es uns andere vermögen uns gleich zu tun?

*Die Stare gehen auf die Reise, Altweibersommer
weht im Wind.*

*Das ist ein Abschied laut und leise.
Die Karussells drehn sich im Kreise.
Und was vorüber schien, beginnt*

(Erich Kästner)

Befürchten wir auch einen turbulenten Herbst
Und das nicht nur finanziell,
lasst uns gemeinsam beten und vertrauen.

Ich wünsche uns, ob jung ob alt friedliche Tage,
voller Zuversicht.

Nach jeder Dunkelheit folgt wieder Licht.

Der stärkste Sturm sich wieder legt.

Manchmal muss alles zusammenbrechen, damit
Neues kann sich neu ausrichten.

Wir hoffen zum Wohle der Erde, der Tiere und allen
Menschen weltweit.

November

Die ersten Blätter tanzen im Wind,
kühler wird der Wind.

Die Nachrichten von fern und nah, mag ich kaum zu ertragen.

Fast einen Monat verbrachte ich bei 43-45 Grad im Wüstensand, ungewöhnlich heiß für diese Jahreszeit in der Westbank in Ägypten.

Ohne Internet, Radio oder Fernseher. Zunächst verunsicherte und beängstigte mich die Tatsache, keinen Kontakt zur Außenwelt zu haben, kein Austausch mit meinen Lieben.

Im Nachhinein war es ein Segen, eine Möglichkeit,

so mit den eigenen tiefsten Gefühlen konfrontiert
zu werden.

Eine Grenzerfahrung, die mich lehrte, den Tag
anzunehmen, so wie er sich mir zeigen wird.

Dein Kopf ist leer,
die Hitze brennt jegliche Gedanken nieder.

Umgeben von wenigen Menschen, die dir direkt in
die Seele schauen.

Das Spiel ist aus.
Nackt stehst du da, mit klebrigem Haar und –
Genau in diesem Augenblick,
bist du im Hier und Jetzt.

Über dir kreisen die Ibisse weiß und golden,
der Falke zeigt sich und sendet eine Botschaft.

Die Stille der Nacht,
kurz unterbrochen durch das schrille Bellen des
Wüstenfuchses.

Jeden Schritt setzt du behutsam im Gleichklang mit
deinem Herzschlag – leicht wiegend.

Sonst schaffst du den vor dir liegenden Weg nicht.

Wasser, das wichtigste Element!

Sobald du fließendes Wasser hast und Strom für die

Wasserpumpen, füllst du die leeren Wasserflaschen auf,
für eine Katzenwäsche oder zum Aufkochen für Kaffee oder Tee.

Du isst, was gerade vorrätig ist.

War dies alles eine Vorbereitung, was uns bevorstehen könnte?

Ich weiß es nicht.

Nun schaue ich auf den bevorstehenden November.

Gehört er auch nicht zu den beliebtesten Monaten, so gehört er zum Zyklus wie jede andere Zeit.

Oft machen sich Traurigkeit, Melancholie und Wehmut breit.

Im Volksmund benannt als der Trauer- oder Totenmonat.

Es ist aber auch eine Zeit, die zur Besinnlichkeit und Ruhe aufruft.

Die kirchlichen Feiertage, wie Allerheiligen (1. November), Allerseelen (2. November), Volktrauertag, Buß- und Bettag, Totensonntag, nehmt sie wahr,
aber lasst die düsteren Gedanken mit dem Novembernebel weiterziehen.

Erfreuen wir uns an dem Licht des Martinsfeuers,
vielleicht ist es ein Abschied nehmen,
vielleicht zeigt es die Vergänglichkeit,
aber immer auch eine Möglichkeit für einen Neuanfang.

Dank der vielen Erfahrungen, ein Aufbruch in eine glücklichere und zufriedene Zeit?

Die Natur legt ab ihr altes Kleid und ist sich gewiss,
dass sie schon bald erstrahlt im neuen Gewand.

Ich wünsche Allen eine gelassene, entspannte Zeit
mit lieben Menschen an eurer Seite.

Guten Gesprächen bei Kerzenschein.

Lasst uns achtsam sein und vergessen nicht die Menschen, die still und einsam sind.

Dezember

Leuchtendes Abendrot küsst die schneebedeckte
Erde und lässt mein Herz höherschlagen.

Still ist es, fast alles ruht,
lass die Natur mein Freund und Ratgeber sein.

Nur der Mond ist zu sehen zwischen den nackten
Zweigen,
aus den Büschen blitzt das Eis.

Tief gehe ich in den Wald hinein,
ich möchte eine Zeit alleine sein.

Der hektischen Welt in den Städten entrinnen,
fern ab von dem Hasten und ruhelosen Streben,
was letztendlich keinen Frieden bringt.

Müde geworden von den Nachrichten, hoffe ich, das
Frieden und Logik einkehrt in die Gemüter.

Die Waffen schweigen.

Wir hoffen doch alle, dass Europa und der Rest der
Welt nicht wie die Titanic an einem Eisberg
zerschellt.
Einem Berg aus Habgier und Macht.

Schon wieder ist fast ein Jahr vergangen.
Was haben wir daraus gemacht?

Lassen wir es Revue passieren,
fällt uns hoffentlich viel Schönes ein.

Ist auch die Zukunft ungewiss und manch einer voller Sorgen,
vergessen wir die Zuversicht nicht.

Es ist bekannt, nach der Dunkelheit kommt auch wieder Licht.

Freuen wir uns auf den Nikolaustag und machen den Menschen eine Freude.

Manchmal reicht schon ein kleiner Gruß, ein paar selbstgebackene Plätzchen.

Vielleicht schaffen wir es gerade in dieser Zeit uns wieder mehr auf die eigentliche Botschaft der Feiertage zu besinnen.

Der 6. Dezember zur Erinnerung an den heiligen Bischof Nikolaus von Myra, der als Wohltäter verehrt wird.

Ein guter Tag, sein Herz zu öffnen

Der 24. Dezember, Heiligabend genannt, der Vorabend des Weihnachtsfestes.

Ein guter Tag der Besinnlichkeit

Der 25. Dezember, das Hochfest der Geburt Jesu, bei den Christen.

Ein guter Tag für Freude und Hoffnung, egal welchen Glauben man vertritt

Der 25. Dezember war schon bei den Römern ein Feiertag zu Ehren der «Geburt der unbesiegbaren Sonne». Einige Theorien besagen folglich, dass die Kirchenväter diesen Tag wählten, um heidnische Feste zur Wintersonnenwende in die christliche

Liturgie einzuführen. Schließlich gilt Christus als «Licht der Welt». Wobei die Wintersonnenwende auf den 21. Dezember, dem kürzesten Tag des Jahres fällt.

Ein guter Tag, um Kraft zu tanken

Nicht nur die Lichterketten in den Straßen mögen funkeln, sondern auch das Licht in unseren Herzen.

Freuen wir uns auf die bevorstehende Winterzeit, auch der Advent ist nicht mehr weit.

Für die erste Kerze: Frieden und Nahrung weltweit.
Für die zweite Kerze: Geborgenheit und Akzeptanz
Für die dritte Kerze: Gesundheit und Zufriedenheit
Für die vierte Kerze: Genügend Gründe auch mal herzhaft zu lachen.

Über die Autorin:

Geboren 1959 im Sauerland

Gabriela leitete neun Jahre einen ambulanten Pflegedienst und betreute und pflegte über Jahrzehnte Menschen mit all ihren körperlichen und seelischen Leiden. Zwischendurch arbeitete sie in verschiedenen Einrichtungen, auch als Betriebsrätin und in Krankenhäusern. Ehrenamtlich war sie im ambulanten Hospiz tätig.

Mit ihren zwei Kindern lebte Gabriela mehrere Jahre auf einem kleinen Bauernhof, damit ihre Kinder so naturverbunden wie möglich aufwachsen konnten. Das vermeintlich romantische Landleben entpuppte sich als ein hartes Stück Arbeit, welches sie trotzdem liebte.

Wisssbegierig und neugierig ließ sie keinen Workshop aus, vom Bio-Anbau bis zur Naturheilkunde. Ihr Vater verleitete sie früh zur Fotografie, zum Schreiben und Lesen. Auf den langen Reisen mit ihren Eltern schrieb Gabriela schon Reisetagebücher, die leider Umzügen zum Opfer fielen.

Als Teilnehmerin eines Literaturkreises liest Gabriela heute noch viel und gerne.

Seit 2015 hat Gabriela Alexandra bei verschiedenen Verlagen mehrere Kinderbücher und Reiseliteratur veröffentlicht.

Zahlreiche Beiträge von Gabriela Alexandra Scharff finden sich auch in den verschiedensten Anthologien

Mehr über die Autorin und ihre Werke:

www.autoren-im-team.de

Und auf vielen social Media Kanälen wie youtube, instagram, facebook unter Autoren im Team

Die Texte in diesem Buch unterliegen dem Urheberrecht, sie dürfen in keiner Form kopiert, vervielfältigt oder in andere Medien übertragen werden. Jede Nutzung, auch in einzelnen Teilen, ist ausdrücklich untersagt.

© 2023 Gabriela Alexandra Scharff
Herstellung und Verlag: BoD – Books on Demand, Norderstedt
ISBN: 978-3-7347-1925-7